Die Alhambra für Kinder

TEXT
Ricardo Villa-Real

ILLUSTRATION
Pilarín Bayès de Luna

DEUTSCHE FASSUNG
Regine Höschen

VERLAG MIGUEL SÁNCHEZ

Deutsche Fassung: Regine Höschen
Fotocomposición: Portada, S.L. C/. Palencia 25, bajo 5. Granada
Fotomecánica: Master Crom, S.A. Móstoles (Madrid)
Printed by: Solgrafit, S.L. Móstoles (Madrid)

I.S.B.N.: 84-7169-054-3
Depósito legal: GR-853-1998

Der Großvater mit seinem weißen Bart lächelt zufrieden. Er hat seinen drei Enkelkindern und einer kleinen Freundin die Alhambra und den Generalife gezeigt.

Als sie nun nach dem aufregenden Besuch durch den dichten Wald gehen, sieht Großvater in das strahlende Gesicht des knapp 10jährigen Pepito, die leuchtenden blauen Augen der 11jährigen Rosy, den nachdenklichen Luisín, der auch schon seinen 11. Geburtstag gefeiert hat und das merkwürdige, fast beschauliche Verhalten der 12jährigen Juanita, der Freundin seiner drei Enkel.

Er ist zufrieden mit sich, denn er hat die vier kleinen Geister und jungen Herzen überschüttet mit Kultur, Kunst und Geschichte.

Plötzlich bleibt Rosy und mit ihr alle anderen stehen und sagt: „Opa, warum erzählst du nicht allen Kindern diese schönen Dinge, die du uns erzählt hast?“

Der Großvater überlegt einen Moment und entschließt sich dann, den Wunsch seiner kleinen Enkelin, soweit es in seiner Macht steht, zu erfüllen. So ist diese Geschichte entstanden.

EIN WENIG GESCHICHTE

Es war einmal eine wunderschöne Stadt im Süden Spaniens, zauberhaft und voller Leben, Geschichte und Kunst. Diese Stadt, Granada, gibt es immer noch. Herrliche Paläste, eine faszinierende Kathedrale und Königskapelle, zahlreiche Kirchen, Klöster und Gärten, Stadtviertel –wie den Albaicín– voller kleiner, verwinkelter und geheimnisvoller Straßen und Gassen...

Aber unter all diesen Sehenswürdigkeiten, gibt es eine ganz besondere: die Alhambra. Sie lädt ihre Besucher auf eine weite phantastische Reise ein, auf der sie von Feen, Geistern und Menschenfressern, von verborgenen Schätzen, Sultanen und Prinzessinnen, von Geheimnissen wie in den Märchen aus *Tausendundeiner Nacht* träumen.

Aber was ich jetzt erzähle, ist keine Phantasie, sondern wirklich in der Alhambra geschehen. Zuerst aber laßt mich ein wenig von der Geschichte Spaniens erzählen. Phönizier und Griechen errichteten hier ihre Handelsniederlassungen. Später eroberten die Karthager das Land. Jahrhundertelang waren die Römer Herrscher über Spanien und vererbten den Spaniern unter anderem ihre Sprache. Dann kamen die Westgoten.

All diese Völker haben vieles hinterlassen: Bräuche, Gesetze und eine Vielzahl von Wörtern.

Am Anfang des 8. Jh. kamen die Araber nach Spanien. Ihre Religion ist der Islam und wir nennen sie Muslime, Mohammedaner, Sarazenen... Sie waren tapfere Krieger und wurden Herrscher über ganz Spanien, abgesehen von kleinen Gebieten im Norden. Sie waren

aber auch weise und gelehrt und erlebten mit dem Kalifat von Córdoba ihre Glanzzeit. Aber...sie stritten untereinander und mit den Christen, die noch im Norden lebten. So zerfiel ihr Reich in viele kleine, unabhängige Herrschaftsgebiete, die Taifareiche. Das nutzten die Christen natürlich aus, um nach und nach Gebiete zurückzuerobern (Asturien, León, Kastilien, Navarra, Aragonien ...)

Eines der maurischen Königreiche war Granada. Hier gab es zwei Herrscherfamilien: die *Ziriten* mit 4 Emiren (oder Königen) und die *Nasriden* mit vielen Sultanen.

Die Nasriden verschönerten viele Städte ihres kleinen Reiches: Málaga, Almería... Ihre Lieblingsstadt war jedoch Granada und hier bauten sie die Alhambra, die sie über alles liebten.

DIE ALHAMBRA

Für die Dichter ist die Alhambra „eine Krone auf dem Haupte Granadas", „ein Paradies auf Erden", „der Rubin der Stadt", „ein Traum, ein Schatz voll Harmonie und Licht"...und noch vieles mehr.

Aber was bedeutet eigentlich Alhambra? Es heißt „die Rote", denn auf arabisch bedeutet *alqalá al hamra* „ Rote Burg". Den Namen, sagt man, hat sie von den rötlich gefärbten Türmen und Mauern, die unter dem Sternenhimmel silbern und im Sonnenlicht golden schimmern. Alle Nasridenkönige liebten sie. Am meisten verschönerten sie Muhammad al-Ahmar, Gründer der Dynastie und sein Sohn im 13. Jh.; im 14. Jh. waren es Jusuf I. und sein Sohn Mohammed V.

Die Alhambra war königlicher Hof und Palast (auf arabisch *alcázar*), Festung (*alcazaba*) und sogar eine kleine Stadt (*medina*).

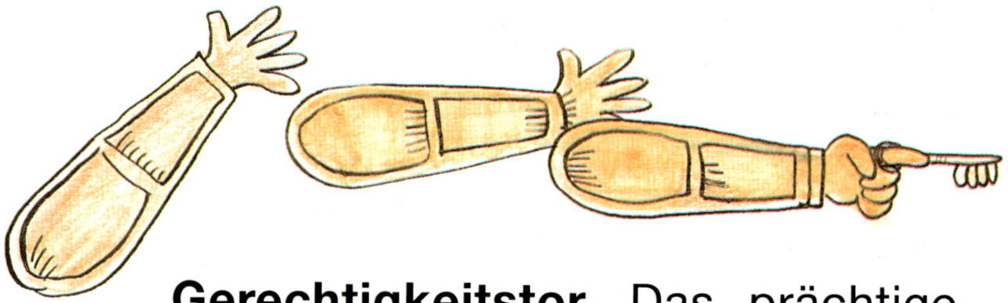

Gerechtigkeitstor. Das prächtige Eingangstor zur Alhambra wird auch Esplanadentor genannt. Wie ihr seht, ist es gewaltig groß und orange-goldfarben gestrichen. Wenn ihr ganz genau hinseht, könnt ihr über dem äußeren großen Bogen eine riesige Hand erkennen (sicher ein Talisman oder ein Amulett, das Glück bringen soll.) Über dem kleineren inneren Bogen seht ihr einen Schlüssel als Symbol der Macht.

Eine jahrhundertealte schöne Legende berichtet, daß unter diesem Tor ein

prächtiger Palast ist, in dem ein arabischer Astrologe lebt, der eine Christin mit blauen Augen und goldblondem Haar verhext hat. Doch eines Tages wird sich der Zauber auflösen und dann... dann wird die Hand den Schlüssel nehmen und die Alhambra sich in nichts auflösen!

Zisternenplatz. Dieser Platz oder Vorhof heißt *Plaza de los Aljibes* (*aljibe* ist arabisch und bedeutet Zisterne oder Sammelbrunnen), weil sich unter ihm Speicher mit großen Mengen kühlem Wasser befinden, ein Brunnen. Jahrhundertelang haben die Bewohner Granadas von diesem Wasser getrunken, das von Wasserverkäufern auf Eseln hinunter in die Stadt gebracht wurde.

Es war einmal ein Wasserverkäufer, der hieß Peregil - wir würden ihn Peter Silie nennen - und von dem will ich euch erzählen. Er war ein gutherziger Mensch und half einmal einem Mauren, der krank neben dieser Zisterne lag. Er brachte ihn nach Hause und dafür war ihm der Maure sehr dankbar und vermachte ihm eine eigenartige Urkunde und eine Kerze aus ganz besonderem Material. Mit Hilfe dieser beiden Sachen fand Peregil später einen großen Schatz,

der unter dem Turm der Sieben Stockwerke versteckt war...

Auf der rechten Seite des Platzes seht ihr die wunderschöne *Puerta del Vino* (Tor des Weines) mit einem lustigen kleinen Zwillingsfenster... und den geheimnisvollen Schlüssel. Ebenfalls rechts befindet sich auch der prachtvolle **Palast Karls V.** Gegenüber liegt der Albaicín, von dem ich euch später noch erzähle. Links gibt es eine Reihe gewaltiger Türme: die Alcazaba.

La Alcazaba. Alcazaba bedeutet Festung, Verteidigungsanlage, und sie wird fast immer auf einer Anhöhe, einem Hügel gebaut. Sie diente dazu,

den Palast und die ganze Stadt zu schützen. Im ganzen Gebiet verteilt gab es auch Türme oder *atalayas.* Wenn von dort aus eine Gefahr beobachtet wurde, Lagerfeuer nachts oder starke Rauchwolken tagsüber, wurde sofort gewarnt. Etwas Ähnliches habt ihr vielleicht schon in Indianerfilmen gesehen. Am Eingang seht ihr den schönen Adarven-Garten (*adarve* heißt der Mauerweg auf einer Festung).

Ein Stückchen weiter finden wir den **Wachtturm**, den *Torre de la Vela*. Es ist der höchste Turm von allen (die anderen heißen Hauptturm und Waffenturm). Von hier aus haben wir in alle vier Himmelsrichtungen eine einmalige, wunderschöne Aussicht, so schön, daß ein Dichter einmal sagte:

Gute Frau, gib mir Blindem eine Gabe,
kann im Leben ein schlimmer Leid geschehen
als ich, Armseliger zu tragen habe,
die Schönheit von Granada nicht zu sehen.

Da ihr ja hoffentlich nicht blind seid, könnt ihr jetzt den herrlichen Ausblick auf den Fluß Darro genießen, den wir tief unten fließen sehen. Lohnend ist auch die Aussicht auf den **Albaicín**, ein in der ganzen Welt berühmtes Stadtviertel mit seinen dicht beieinander stehenden, weißen Häusern und seinen Cármenes, den typischen Landhäusern mit Gärten, die Kirchen und Klöster, seine kleinen ruhigen Plätze und verwinkelten schmalen Gassen...Oder der Blick schweift auf die Vega, das fruchtbare, ebene Land ganz hinten am Horizont; zu unseren Füßen liegt das Stadtzentrum, uns gegenüber die Sierra Nevada mit den höchsten Bergen der ganzen Halbinsel und was weiß ich noch alles mehr. Der Wachtturm und seine Glocke sind zum Symbol Granadas geworden, so heißt es auch in einem Lied:

In Granada möcht' ich leben,
sei es nur der Glocke wegen,
die vom Wachtturm abends schlägt
wenn ich mich zum Schlafen leg'.

Und wißt ihr, was die jungen Mädchen und unverheirateten Frauen machen? Sie läuten die Glocke, weil sie glauben, daß sie dann bald heiraten werden.

DER KÖNIGLICHE PALAST

So heißen die Paläste der Alhambra. Wie alle orientalischen Paläste kann man in ihnen hauptsächlich drei Teile unterscheiden. Jeder Bereich hat seinen eigenen Patio oder Innenhof und Gebäude um den Patio herum. Im **Goldenen Bereich,** den die Araber **Mexuar** nannten, sprach der König als oberster Gerichtsherr Recht; im **Gebäudetrakt der Comares**, dem offiziellen Königshaus, spielte sich das politische und diplomatische Geschehen ab; und der dritte Bezirk, der **Löwentrakt** oder **Harem** wie er auf arabisch heißt, war für das Familienleben der Könige bestimmt.

MEXUAR. „Tritt ein und du wirst Gerechtigkeit finden". Das stand zu Zeiten der Muslime auf einer Kachel an der Wand geschrieben: „Tritt ein und verlange Gerechtigkeit. Fürchte dich nicht, denn du wirst sie hier finden."

Ein Stückchen weiter, ein hübscher Korridor oder Säulengang,ein schöner, gepflegter Garten (der Machuca-Garten heißt nach dem Architekten, der den Palast Karls V. erbaut hat). Ein kleines Wasserbecken ...und viele, viele Blumen.

Im Saal angekommen, wundert euch nicht über einige christliche Motive, die später hinzukamen. Das wohl Wertvollste im Saal sind die Arabesken (Blattverzierungen und andere Ornamente), die vier schlanken Säulen, die schöne Stuckdekoration (aus weißem Gips), die arabischen Fliesen... Am Ende des Saales gibt es ein kleines, kostbares Bethaus mit der Inschrift: „ Komm zum Gebet" und kleine Zwillingsfenster, zweigeteilt durch eine zierliche Mittelsäule.

Und dann kommt ihr in den Patio, den Innenhof. Aber ich will euch kurz noch einen kleinen Tip geben: Wenn ihr in überdachten Räumen oder Sälen seid, schaut immer auch an die Decke. Wißt ihr warum ? Ganz einfach, weil die Araber ihre Decken gern verzierten und fast alle sind wunderschön.

Dieser Patio ist recht klein und seine Säulen haben eigenartige Kapitelle - das sind die obersten Teile der Säulen. In der Mitte seht ihr ein schönes Marmorbecken; die herrliche Fassade mit Arabesken - ihr wißt schon, die Verzierungen -, kleinen Fenstern, Fenstergittern, Holztäfelung, Dachvorsprung ... Witzig ist übrigens, was die Leute aus Granada über den Marmor an der rechten Tür sagen, der ein wenig schief aussieht: Er ist so, weil man den Marmor geschnitten hat, als er noch weich war?!

TRAKT DER COMARES. Hier bleibt jedem der Mund offen stehen vor Staunen.
Der Myrtenhof. Die Araber nannten ihn Arrayanenhof, denn *arrayán* ist das arabische Wort für Myrte, die kleinen wohlriechenden Sträucher, von denen es hier so viele gibt.

Dieser rechteckige Innenhof mit seinem Wasserbecken ist der Mittelpunkt des

Königspalastes. Man nennt ihn auch *Serail*, ein arabisches oder persisches Wort, das soviel wie Palast des Sultans heißt und oft mit *Harem* verwechselt wird. Letzteres ist der Bereich, der für das Familienleben der arabischen Könige bestimmt ist.

Wie ihr seht, gibt es in der Mitte ein großes Wasserbecken und auf beiden Seiten ist es von einer Myrtenhecke eingefaßt. Stellt euch vor, wie Könige und Botschafter aus dem Ausland vom südlichen Säulengang aus staunend näherkommen und der Herrscher in Granada sie auf seinem Thron unter dem schönen Turm der Comares erwartet. Langsam gehen wir weiter, den Zauber des Patios genießend, zum gegenüberliegenden Säulengang mit seinen Gewölben und Mozaraber-Bögen (Bögen mit Stalaktiten, Verzierungen, die wie Zapfen herunterhängen). Die seltsamen Zeichen an der Wand sind arabische Schriftzeichen, fromme Gebete und Gedichte. Überall in der Alhambra wiederholt sich der Leitsatz der Nasridenkönige: „Gott allein wird siegen".

Barkensaal. Rechts und links vom Eingang gibt es Nischen, Wandschränke oder kleine Speisekammern, die man *babucheros* nennt, aber es stimmt nicht, daß sie für Babuschen oder Pantoffeln bestimmt waren, sondern vielmehr für Lampen, Wasserbehälter oder Blumentöpfe. Und woher kommt der Name Barkensaal? Einige behaupten, die Bezeichnung stammt von der wunderschönen Decke, die aussieht wie der Kiel einer auf den Kopf gestellten Barke, eines Bootes also. Aber auch sie irren sich. Tatsächlich kommt der Name von dem arabischen Wort *baraka*, was soviel wie Segnung oder Begrüßung heißt.

Und schon sind wir im Thronsaal. Er heißt **Saal der Gesandten** und befindet sich im großen Turm der Comares (auf arabisch heißen die bunten Glasfenster *comarías*). Ist er nicht prächtig ? Es sind neun Räume mit ihren jeweiligen Balkons. In der Mitte war wahrscheinlich der Thron des Herrschers, genau dem Innenhof gegenüber.

Es wundert mich gar nicht, wenn ihr wieder einmal staunend die Decke betrachtet, das Gewölbe, die Kuppel aus Zedernholz, die kleinen Fenster, die Arabesken und mozarabischen Bögen und die zierlichen Sterne...

Bevor wir weitergehen, will ich euch etwas aus der Geschichte erzählen, was euch ganz bestimmt interessieren und eine Menge erklären wird.

BOABDIL, DER LETZTE KÖNIG VON GRANADA.

Von einem der Balkons im Saal der Gesandten zum Darrofluß hin, ließ die Königin Fátima, Boabdils Mutter, *Aixa la Horra* (die ehrbare Königin) genannt, ihren Sohn herab, um ihn vor dem Tode zu bewahren. Denn ihr müßt wissen, daß es in Granada drei arabische Könige gab, als die Katholischen Könige, Ferdinand von Aragonien und Isabella von Kastilien, die Stadt belagerten, nachdem sie schon fast das gesamte Nasridenreich erobert hatten. Der erste war Muley Abul Hassan (den die Christen *Mulhacén* nannten); der zweite, sein Sohn Boabdil, lehnte sich gegen ihn auf; der dritte, der *El Zagal* genannt wurde, was auf arabisch „der Mutige" heißt, war Hassans Bruder, also Boabdils Onkel. Die Mauren in Granada verstanden sich nicht, sie töteten sich gegenseitig.

Abul Hassan hatte nämlich Fátima, die „Ehrbare" verstoßen, um eine christliche Sklavin, Isabel de Solís, die in Granada Zoraya genannt wurde, zu seiner Lieblingsfrau zu machen. Er mißachtete und haßte seinen Sohn Boabdil, den er sogar töten wollte. Boabdil bekam von den Christen einen Beinamen, den Spitznamen „der Kleine König", weil er nicht so viel Macht wie sein Vater hatte. Seine Untertanen nannten den Armen *Zogoibi*, den „Pechvogel".

Abul Hassan starb und wurde nach alter Tradition im ewigen Schnee der Sierra

Nevada begraben (daher wohl auch sein Beiname Mulhacén, das ist nämlich der höchste Berg Spaniens). Nachdem El Zagal besiegt und verbannt war, war Boabdil der alleinige König. Er geriet aber bald in Gefangenschaft, wurde wieder freigelassen und schließlich verbannt. Im Saal der Gesandten unterschrieb er die Kapitulation und Übergabe Granadas und der Alhambra. Und was geschah dann? In Granada

kennt jeder einen Berg, den man nach alter Überlieferung den Maurenseufzer nennt. Warum, das erzählt eine Romanze aus dieser Zeit:

Von einem gar steilen Hange
erschien ihm Granada im Blick.
Im Herzen wurde ihm bange
er schaut auf die Stadt zurück:
Granada, ach meine Teure,
du mein Trost und meine Freude!
Hoch oben mein Albaicín,
so reich meine Alcaicería,
Ach, meine Alhambra, oh weh
meine herrliche Moschee!
Oh, Flüsse, Bäder und Gärten,
die mir meine Kräfte stärkten.
Noch gestern berühmter König
und heut' ist mein gar so wenig.
Vornab seine Mutter ritt
in anderer Truppe mit.
Auch sie hielt inne und fragte,
worauf ein Maure ihr sagte:
Dein Sohn trauert um die Stadt,
die einst er besessen hat.
Die Mutter habe gesprochen:
Das Herz wohl ist ihm gebrochen,
drum wie ein Weib er nun verzagt
anstatt zu kämpfen um die Stadt,
aus der der Feind uns hat vertrieb'n,
den er als Mann nicht konnt' besieg'n.

Mit der Königin Mutter ritten in diesem Trauerzug auch Moraima, Boabdils Frau und seine Kinder in die Verbannung. Boabdil lebte noch eine Zeitlang in den Bergdörfern der Alpujarras und zog dann weiter nach Afrika, wo er in Vergessenheit lebte und starb.

LÖWENTRAKT (HAREM).

Der zauberhafte Innenhof heißt Patio de los Leones, **Löwenhof**. Ihr werdet ihn sicher auf zahlreichen Fotos und Abbildungen gesehen haben.

Wie schon gesagt, war dieser Innenhof mit seinen umgebenden Räumen der *Harem*, der dem Privatleben des Emirs vorbehaltene Bereich, fernab vom höfischen Treiben mit seinen Verpflichtungen.

Hier gibt es viel zu bestaunen und zu erzählen. So viele Vergleiche könnte man anstellen... Sehen die Säulen zum Beispiel nicht aus wie ein Wald aus 124 Palmen? Oder das Wasserbecken in der Mitte mit seinen 12 Löwen könnte eine Oase in der Wüste sein. Man fühlt sich auch wie im Kreuzgang eines Klosters mit den Arkaden, den dreifachen Bögen. Er sieht auch aus wie... (Laßt eurer Phantasie ruhig freien Lauf).

Der Springbrunnen aus Marmor wird auf den Rücken der Löwen getragen. Das bei den Arabern so beliebte Wasser schießt hoch und läuft vom Becken zu den

Mäulern der Löwen, die es in alle Richtungen ausspeien. Am Beckenrand sagt uns ein Gedicht (*qasida* auf arabisch), das Wasser sei wie „Perlen transparenten Lichtes“, „flüssiges Silber, das durch Juwelen fließt“ und verhindere das „Brüllen der ihres Lebens beraubten Löwen“...

Saal der Abencerrajes (*abencerraje*, ein arabisches Wort, bedeutet Söhne des Stuhlflechters). Dieser Saal südlich vom Innenhof ist bekannt wegen seiner Schönheit, aber auch aufgrund einer Legende, die oft mit der wirklichen Geschichte verwechselt wird. Denn hier wurden viele Fürsten der berühmten Familie der Abencerrajes auf Befehl des grausamen Muley Abul Hassan enthauptet, weil sie auf der Seite von Boabdil, seiner Mutter und Zagals standen.

Seht euch den Saal einmal genauer an: die Eingangstür mit ihrer prachtvollen Dekoration, die wunderschöne Sternenkuppel, die 16 zierlichen, hübschen Fenster, die Sockel, die beiden Bettnischen, die man Alkoven nennt ... und das weiße Marmorbecken. Seht ihr darin Flecken, die wie Blut aussehen? Aber nein, es sind sicher keine Blutflecken. Das sind Rostflecken im Marmor. Aber in der Alhambra kann einem die Phantasie leicht durchgehen.

Königssaal. Dieser Saal im Osten des Innenhofes wird auch Saal der Gerechtigkeit genannt. Sieht er nicht aus wie ein Theater ? So lang wie er ist, durch sechs prächtige Säulen aufgeteilt in drei Säulengänge und mit seinen mozarabischen Doppelbögen? Rechts und links seht ihr wieder die Alkoven.

Wißt ihr was? In diesem Saal wurde die erste Messe gefeiert, nachdem die Katholischen Könige Herrscher über Granada und die Alhambra geworden waren. Stellt euch hier den Hof vor, die Ritter ... Luxus, Waffen, Lanzenfähnchen und Reiterfahnen... Und in einem Eckchen, ganz allein, ein Unbekannter unter Königen und Prinzen, unter Adeligen, Soldaten und Geistlichen. Wißt ihr wer das war? Das war .... kein Geringerer als Christoph Kolumbus. Jawohl, der spätere Entdecker der neuen Welt hatte ganz geduldig gewartet, bis die Könige in die Stadt eingezogen waren, um in Santafé die Verträge für die Entdeckungsreise zu unterschreiben.

Jetzt fragt ihr euch vielleicht, wieso heißt er der Königssaal ? Ganz einfach, weil die Deckenbemalung in einer der seitlichen Alkoven die zehn Nasridenkönige zeigt. In den beiden anderen Nebenräumen könnt ihr andere Malereien mit Jagdmotiven, Wettkämpfen und Burgen bestaunen, sogar eine Schachpartie ist abgebildet.

Saal der beiden Schwestern und **Daraxa-Aussichtsturm. -** Im nördlichen Teil des Löwenhofes befindet sich dieser Saal. Nein, denkt nicht an Sagen und Märchen. Die beiden geheimnisvollen Schwestern sind ... die großen Marmorplatten auf dem Boden, rechts und links vom Wasserbecken. (Übrigens: Es wird gesagt, und es stimmt, daß die Araber, die das Wasser so lieben, es besonders gern haben, wenn es leise rieselnd, sanft und kaum hörbar, ohne lautes Plätschern, rinnt).

Ich verstehe es gut, wenn ihr wieder einmal mit offenem Mund alles bestaunt: Die wundervolle Kuppel, grenzenlos, strahlend und herrlich dekoriert mit Kacheln und *atauriques* (eine orientalische Arbeit mit Pflanzenmotiven, die in die Wand gehauen oder gemalt werden). Auf dem Fliesensockel an der Wand steht ein Lobspruch.

Ein kleiner Nebenraum heißt Saal der *Ajimeces* und in seiner Mitte ist der Erker, Mirador de Daraxa, das Schlafgemach der Königin. Die Leute nennen ihn Lindaraja - nach dem Innenhof unten - aber *daraxa* bedeutet „Haus der Königin“. Er hat einen Sockel mit winzigen Kacheln, ein wahres Wunder. Die Fenster sind recht niedrig, weil es bei den Arabern üblich ist, auf dem Boden auf Kissen zu lagern. So sah man besser die Landschaft. Später wurde der Ausblick durch andere Räume des Lindaraja-Innenhofes versperrt.

Die Bäder. Die Araber waren sehr sauber und reinlich. Sie liebten das Wasser und ihre Bäder, die hier im morgenländischen Palast nicht fehlen durften. In den ersten Raum, den Ruhe- oder Schlafraum, ging man zuletzt zur Erholung, nachdem man durch andere Zimmer und Becken mit warmem und kaltem Wasser und Dampfbädern (heute sagen wir Sauna) gegangen war. Ihr könnt hier deshalb kleine Wannen, Nischen oder Betten sehen, die damals mit Decken und Stoffen bedeckt waren. Könnt ihr euch die Alhambra mit Möbeln und Vorhängen vorstellen ?

PARTALGÄRTEN UND TÜRME. Das Licht und Farben sämtlicher Schattierungen leuchten. Bäume, Sträucher, Blumen und wo man hinsieht Wasser. Das ist der Partal (oder Portikus).

Mauern und viele Türme. Ich will euch auch verraten, wie sie heißen. Der erste, mit einem großen Teich, ist der Turm der Damen. Dann kommt ein kleines Bethaus. Danach der Zinnenturm und der Cadíturm (*cadí* ist arabisch und bedeutet Richter). Manche sagen auch Candilturm (das heißt Öllampe). Der nächste Turm heißt Turm der Gefangenen, weil hier Isabel de Solís, Zoraya, gelebt haben soll. Dann folgt der Turm der Infantinnen. Hier müßt ihr unbedingt hinein! Er ist so reizend und verspielt. Es werden übrigens verschiedene Geschichten darüber erzählt. Ich erinnere mich an zwei. Die von den drei

Prinzessinnen, Zaida, Zoraida und Zorahaida und den drei gefangenen christlichen Rittern und die Legende von der „Rose der Alhambra“, die mit ihrer Zauberlaute und ihrer wundervollen Stimme keinen Geringeren als den König Philipp V. von einem Zauberbann befreite und heilte. Stellt euch das mal vor! Die folgenden Türme sind weniger interessant und schließen an das Gerechtigkeitstor an.

DER GENERALIFE

Der schönste aller Gärten. „Schönheit ohnegleichen“. Das stimmt wirklich. Der Generalife ist der berühmteste aller Gärten Spaniens, um nicht zu sagen einer der weltberühmtesten. Grün und nochmals Grün, Gartenanlagen, die an Abhängen liegen. Wollt ihr wissen, wozu er diente? Es war eine königliche *almunia* (Garten auf arabisch), Sommerresidenz oder Ferienhaus der Emire.

Wenn es darum geht zu erklären, was *Generalife* heißt, geht es ein wenig durcheinander. Manche sagen, es heißt „Haus des Vergnügens“, andere wiederum „Paradiesgarten“. In Wirklichkeit und das könnt ihr mir glauben, heißt es „Garten des *alarife*“. (Das arabische Wort bedeutet soviel wie Architekt oder Baumeister).

Wir gehen durch eine Allee von schönen und stolzen Zypressen hinein. Dann kommt der Oleandergarten mit Blumen- und Sträuchergewölben. Seht mal! Hier ist der so berühmte Patio mit dem Wassergraben und seinen bekannten Springbrunnen, rechteckig und inmitten von Gebäuden. Der Innenhof hat zwei Säulengänge. In einem der beiden, so wird erzählt, war der Prinz Ahmed al Kamel eingesperrt. Er wurde „Liebespilger“ genannt. Er hatte die Sprache der Vögel gelernt und in seiner Einsamkeit waren eine Fledermaus, eine Schwalbe, ein Sperber, ein paar Nachtigallen und eine treue Taube seine Freunde geworden... Natürlich waren seine Lieblingsvögel eine Eule und ein Papagei, die ihm dann nämlich halfen die Gunst einer christlichen Prinzessin zu erlangen, die Ahmed später heiratete. Als der Prinz König wurde, ernannte er aus Dankbarkeit die Eule zu seinem Ministerpräsidenten und den Papageien zu nichts Geringerem als zum Zeremonienmeister. Diese und viele andere Sagen könnt ihr in den schönen *Erzählungen von der Alhambra* von Washington Irving lesen.

Nahe beim Patio mit dem Wassergraben ist der Zypressenhof oder der Patio der Sultanin. Es wird nämlich nach alter Überlieferung erzählt, daß sich in einem der Baumstämme eine Sultanin versteckt hatte. Hier gibt es auch hochliegende Gärten und eine Wassertreppe, durch deren Geländer Wasser herunterfließt. Dann sind da noch die neuen Gärten, die erst in jüngster Zeit angelegt wurden, mit ihren Rosenalleen und Lauben, vielen Blumen, Wasser, wo immer man hinblickt, wunderschönen Aussichtspunkten und einem Freilichttheater...

Wenn ihr all diese Wunder bestaunt habt, wollt ihr sicher noch einmal wiederkommen!

Denn wenn sie nicht gestorben sind ...

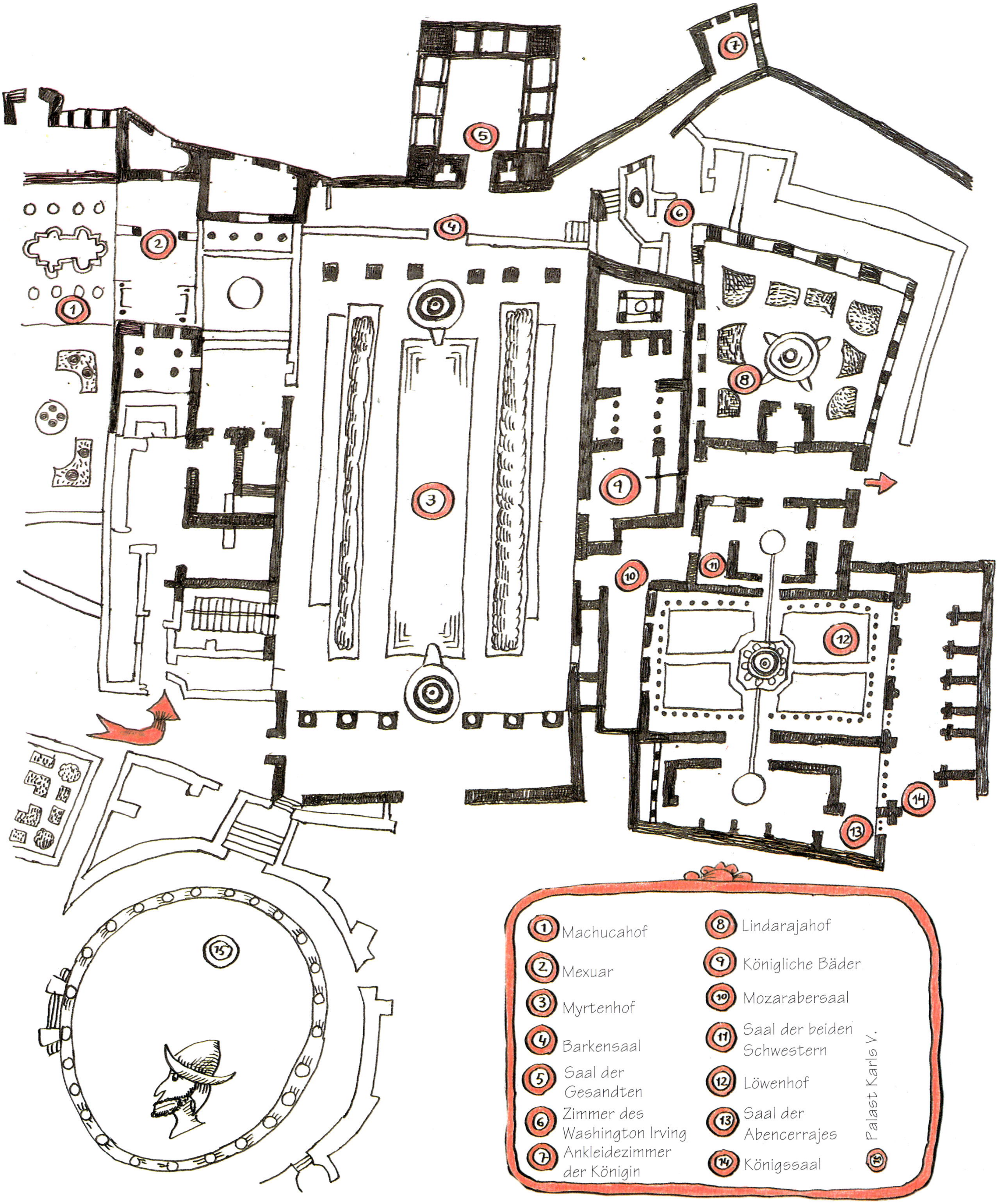
1 Machucahof
2 Mexuar
3 Myrtenhof
4 Barkensaal
5 Saal der Gesandten
6 Zimmer des Washington Irving
7 Ankleidezimmer der Königin
8 Lindarajahof
9 Königliche Bäder
10 Mozarabersaal
11 Saal der beiden Schwestern
12 Löwenhof
13 Saal der Abencerrajes
14 Königssaal
15 Palast Karls V.